MEINE KATZE IST EIN ARSCHLOCH

DEINE AUCH? VOL. 2

MEINE KATZE IST EIN ARSCHLOCH

DEINE AUCH?

VOL. 2

VORWORT

Die Frage, warum man sein Haustier liebt, können Hundebesitzer aus dem Effeff, oder vielmehr aus dem Wuffwuff beantworten: Sie sind immer treu, lieb und gehorsam und vergöttern Herrchen oder Frauchen wie Reiner Calmund das halbe Schwein auf Toast.

Katzen dagegen? Um ihre Liebe kämpft man Zeit ihres viel zu kurzen Lebens. Sie aufrecht zu erhalten, ist eine echte Aufgabe. Störrisch sind sie und eigensinnig, ihre Schrullen sind schwerer nachzuvollziehen als Einsteins Relativitätstheorie – kein Wunder also, dass man immer nur Filme mit Hunden sieht, die große Taten vollbringen. Katzen hingegen lassen sich kaum dressieren. Während Lassie den kleinen Timmy aus dem Brunnen ziehen und vorm Ertrinken retten würde, stünde Felix oben und verlangte lautstark nach seinem Futter.

Vielleicht ist es gerade das, was uns an ihnen fasziniert: Dass sie ihren eigenen Kopf haben. Deshalb wird es mit ihnen nie langweilig. Sie wollen dann kuscheln, wenn man selber gerade keine Zeit hat oder noch schlaftrunken ins Kissen sabbert. Futter, das sie gerade noch derart hastig herunterschlingen, dass sie es sich noch einmal durch den Kopf gehen lassen müssen – natürlich grundsätzlich dort, wo Teppich liegt –, wird beim nächsten Mal keines Blickes mehr gewürdigt und mit einem Hungerstreik quittiert.

Aber sie sind unfreiwillige Komiker. Alle. Sie klettern überall rauf oder rein, jagen allem nach. Und wenn sie dann kuscheln wollen, gibt es haptisch nichts Schöneres als das plüschige Fell einer Katze – und im Gegensatz zum Hund muss man sich danach nicht die Hände waschen.

Meine Katze Greta kommt aus Spanien und die kleine Señorita ist wie ihre berühmte Namenspatin eine echte Diva und nicht immer ganz leicht zu bändigen. Passend dazu nannten wir unser Katerchen Garbo. Er lief uns mehr oder minder zu. Diventum ist ihm fremd, er ist nicht sauer, wenn ich ein paar Stunden weg bin, sondern freut sich, wenn ich heimkomme. Eine grazile, katzenhaft anmutige Motorik sucht man bei dem kleinen Tölpel vergeblich. Aber dem Blick in seine großen bernsteinfarbenen Kulleraugen kann keiner widerstehen. Und dafür verzeiht man ihm dann auch die tote Maus auf dem Frühstückstisch.

Jetzt aber viel Spaß mit Band 2,

Ihr

KLAUS BUNTE

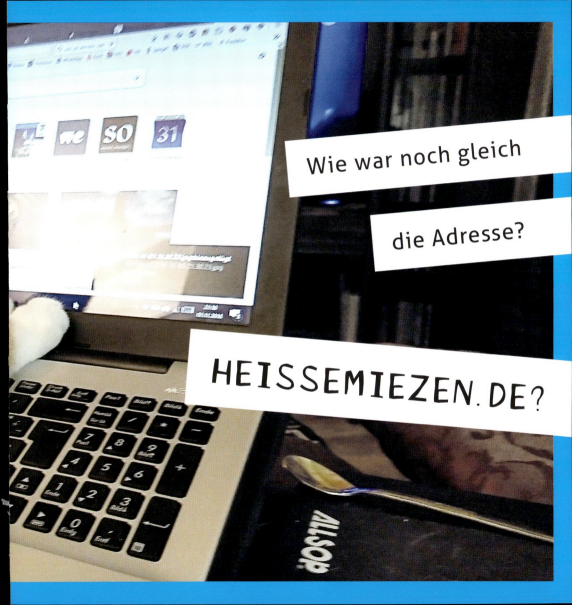

Bevor ich nicht mein zweites **FRÜHSTÜCK** habe, lass ich dich hier nicht rein.

Ich mache hier nur **BECKENBODEN- GYMNASTIK!**

Ich helfe

IMMER GERN

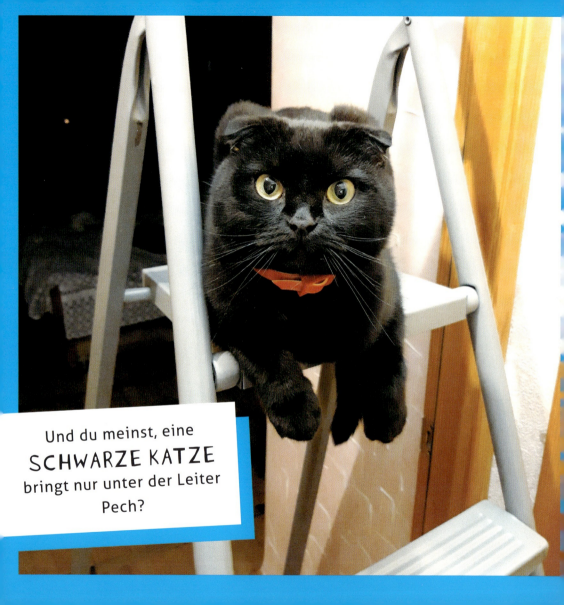

Spiel doch mal was ...

... von **CAT STEVENS** ...

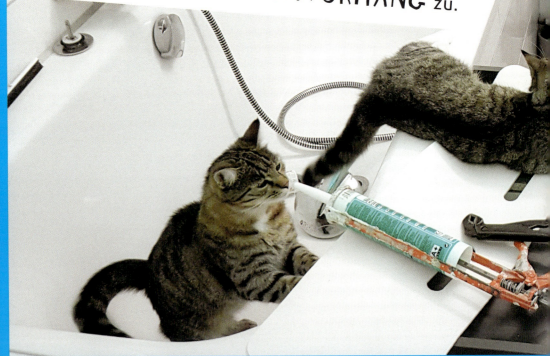

Wir KÖNNEN EINFACH nicht mit ansehen, wie DU DICH abrackerst – zieh doch mal DEN DUSCHVORHANG zu.

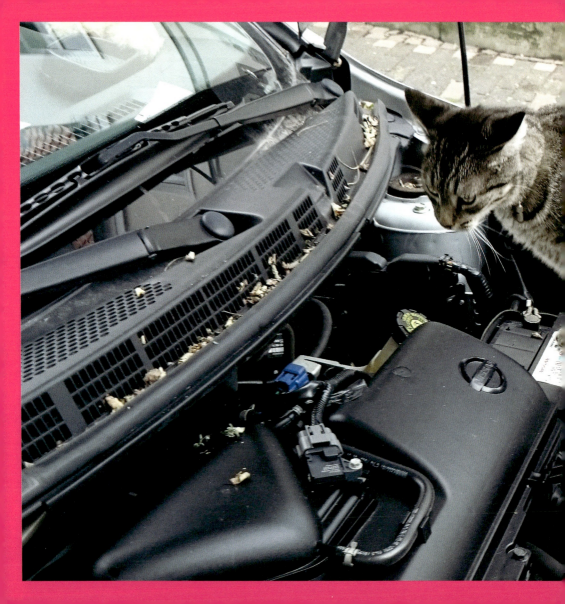

Katzen hinterlassen

SPUREN

in deinem Leben

Ich finde, es ist mal an der Zeit für einen **TAPETENWECHSEL**.

Mit diesem Spielzeug kannst du dir echt

DEN HINTERN ABWISCHEN!

Vielleicht hält die ja ein wenig länger

ALS DIE LETZTE.

Ziemlich beste FREUNDE

Du isst das doch bestimmt nicht mehr auf, ODER?

So, und jetzt halt auch **DIE ANDERE WANGE** hin.

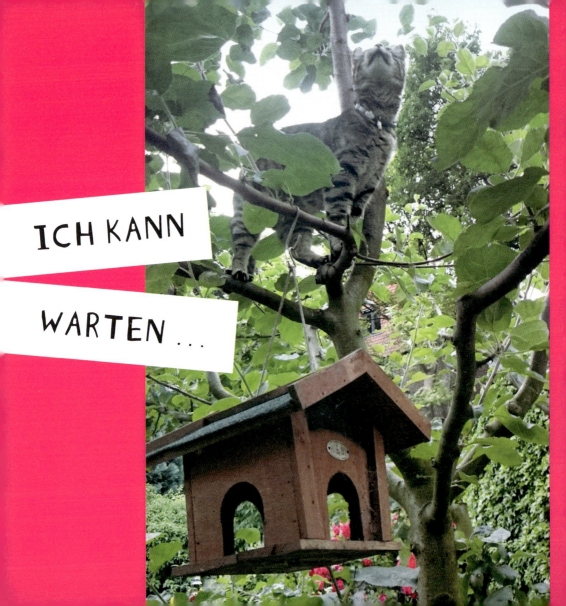

Feinde? Ich?

LÄCHERLICH!

Ich glaube, dies ist der Beginn einer **EXTREM KURZEN** Freundschaft ...

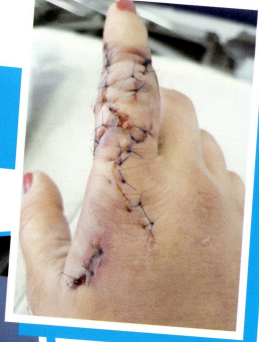

Ihr solltet erst mal sehen, **WIE MEINE KRALLE** jetzt aussieht!

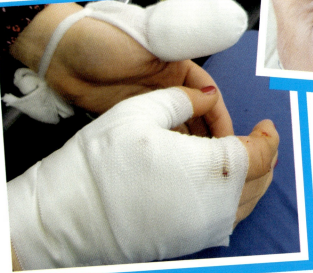

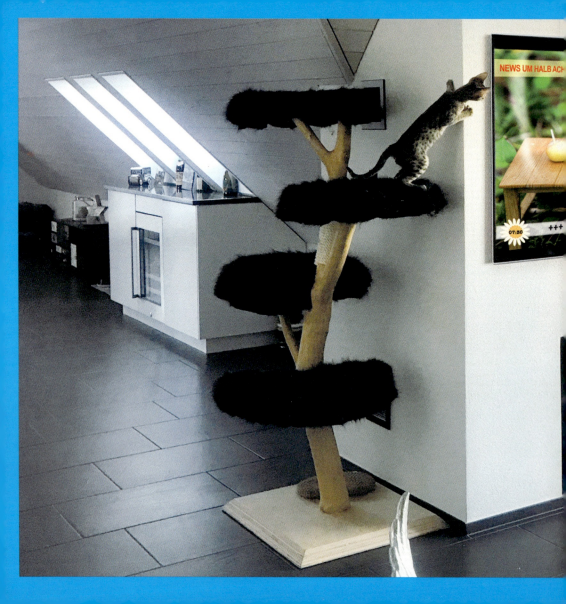

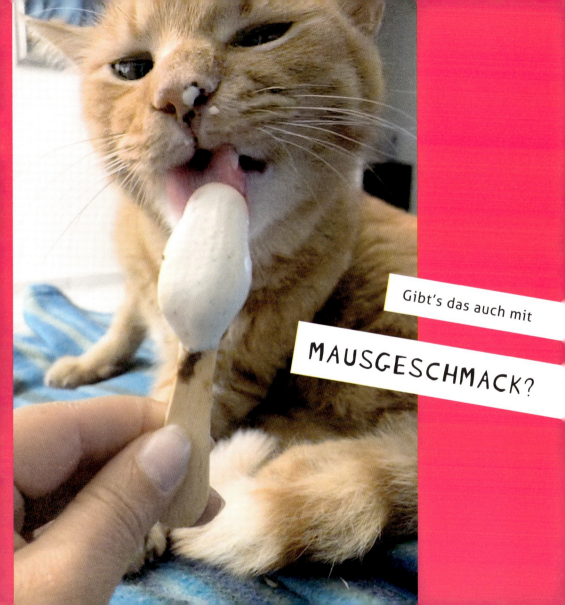

Ob ich mich jetzt **AN DICH ALTE SCHACHTEL** kuschel

ODER AN DIE HIER ...

EIN SELFIE

OHNE MICH?

So weit kommt's noch!

Katzenmilch schmeckt übrigens besonders gut, wenn man kurz vor dem Trinken einen Espresso reinkippt.

UND WEHE DIR, wenn keiner dieser Tabs die Seite vom „Fressnapf" ist!

DER LETZTE SCHREI

Danke an unsere Hauptdarsteller:

Bacio
Barney, Pebbles & Bamm-Bamm
Bellatrix
Bonnie & Clyde
Brutus
Charly
Chayenne
Dobby & Indi
Dolce & Gabbana
Emma, Peaches & Mikey
Garfield
Greta & Garbo
Grischin
Henry, Pikurri & Missy
Hexe
Hübsi & Puma
Kasimir
Katze & Kater
Lady
Lotti B.
Lotti W. & Karotti
Lucky Luke
Lucy
Luna
Maja & Rocky G.
Malin

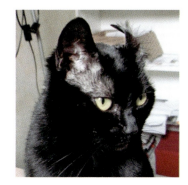

Maneki
Margarida
Masya
Mogli
Myeline
Paco, Pedro, Samy & Susi
Prinz, Rocky M. & Kalle
Püppi
Rezo & Jiro & Byakko
Rio & Otto

Rosalie
Rufus
Theo
Tubbi Tina
Willy

In memoriam:
Gary, Ikarus, Kiko,
Minka, Morlock, Samba,
Sissy & Franzl

Texte: Klaus Bunte

Illustrationen: © Designed by Freepik (Katzen),
Fotolia.com – © warmworls (Tatzen)

Redaktion: Nelly Teich

BILDNACHWEIS

© Jessica Schwind/Theo (S. 2), © Klaus Bunte/Greta (S. 4, 21, 33, 40/41, 48, 69, 76, 82, 91, 94, 104/105, 113, 114 und 118/119), © Nelly Teich/Rocky M. (S. 8 und 19), © Linna/Luna (S. 9), © Klaus Bunte/Garbo (S. 10/11, 14, 36, 53, 60/61, 64, 102, 106, 111 und 126), © Nelly Teich/Prinz (S. 12 oben, 31 und 87), © Sebastian Strunk/Rio (S. 12), © Ulrike Alba/Katze & Kater (S. 13 und 39), © Michaela Brück/Lotti B. (S. 15), © Nelly Teich/Ikarus (S. 16, 52, 97, 100, 110 und 112), © Ulrike Alba/Kater (S. 17), © David Parlow/Nero (S. 18), © Corina Kunz/Grischin (S. 20), © Petra Hammacher & Klaus Bunte/Brutus (S. 22), © Familie Feucht/Lucy (S. 23), © Sebastian Strunk/Otto (S. 24, 109 und 127), © Marion & Volker/Lady (S. 25), © Nadine Boden/Rosalie (S. 26), © Deborah Heller/Malin (S. 27), © Lana Zolotaryova/Masya (S. 30), © Familie Miglio/Samba (S. 32 beide), © Prinzessin Michelis/Prinz & Rocky M. (S. 34/35), © Familie Kangro/Kasimir (S. 37), © Melanie Krötz/Gary (S. 38), © Anna Friedrichs/Maneki (S. 42 und 43), © Patrick Pott/Lucky Luke (S. 46), © Jenny Galli/Maja & Rocky G. (S. 47), © Eva Schedl/Willy (S. 49), © Melanie Krötz/Henry (S. 50/51, 108 und 115), © Steven Walter/Chayenne (S. 54), © Melanie Krötz/Pikurri (S. 55 und 127), © Nelly Teich/Kalle & Prinz (S. 58), © Liliane Haase/Bonnie & Clyde (S. 59), © Angelika Steyer/Emma & Peaches (S. 62), © Patrick Lehner/Hübsi & Puma (S. 63), © Daggi Kibrika/Dobby & Indi (S. 65), © Natalie Weisner/Lotti W. & Karotti (S. 66, 72 und 126), © Angelia Steyer/Emma, Peaches & Mikey (S. 67), © Familie Prencipe/Matteo & Bacio (S. 68), © Kerstin Baumann/Barney, Pebbles & Bamm-Bamm (S. 70/71), © AMB/Ikarus (S. 73 beide und 122), © Nelly Teich/Prinz und Rocky M. (S. 74), © Klaus Bunte/Greta & Garbo (S. 75), © Viola Monteleone/Dolce & Gabbana (S. 77), © Sebastian Strunk/Rio & Otto (S. 78), © Melanie Krötz/Pikurri, Henry & Missy (S. 79), © Sandra Becker/Garfield (S. 83), © Karl-Allen Lugmayer – stock.adobe.com (S. 84/85), © Bianca Röhrig/Püppi (S. 86 beide), © Prinzessin Michelis/Rocky M. (S. 90), © Viola Monteleone/Gabbana (S. 92/93 und 107), © Sara Bettini/Rufus (S. 95), © Manuel Tietsch/Paco, Pedro, Samy & Susi (S. 96), © Rhonda Sanders/Tubbi Tina (S. 98), © Pili Arnalda Piñol/Bellatrix (S. 99), © Jessica Scharr/Rezo, Jiro & Byakko (S. 101), © ulrimari/Margarida (S. 103), © Hannah Schmitz/Charly (S. 116), © Andrea Stoiber/Hexe (S. 117 und 126), © Mellie und Vera/Luke (S. 120), © Anna/Mogli (S. 121), © Chelsea Lugrin/Myeline (S. 123), © fotosmile777 – stock.adobe.com (S. 124/125), © Manuel Tietsch/Paco (S. 127), © Melanie Krötz/Missy (S. 127), © Kerstin Baumann/Bamm-Bamm (S. 127), © Marion/Kiko (S. 127), © iridi 66 – stock.adobe.com (S. 128)